JN437979

틈새의 美

한 두 현 제06시집

을지출판공사

■ 시인의 말

틈새를 아름답게

틈새 있어
만물이 숨 쉬고 움직이니

틈새야말로
없어서는 안 될 아름다운 존재이지만

조물주가
인간 몸 틈새의 비율을 잘못 만든 듯

내가 조물주라면

입은 쪼그만 병어 입으로
귀는 커다란 코끼리 귀로 만들었을 것이다

벌어진
입으로는 온갖 거짓말 사기 중상모략

뚫어진
귀로는 자기가 듣고 싶은 말만 듣는 인간

성형수술 해서라도
입은 반으로 꿰매고 귀는 배로 늘리고 싶은 심정

2021년 새해

각공서재에서
中里 한 두 현

Contents

차례

Contents

Contents

제 3 부 틈새의 美 삶

Contents

Contents

Contents

Contents

제 1 부

공짜 공짜 공짜

邦

귀뚜라미 소리

뜰엔
귀뚜라미 소리

나라엔
희대의 사기꾼 曺國 억지소리

한미 간엔
동맹 끊어지는 祖國 비명 소리

언제 들려주려나
새빨간 단풍잎 떨어지는 소리

2019. 8. 24

조국이여! 祖國이여!

조국이여!
祖國이여!
曺國이 무리 있는 곳에

머물지 마시구려

천하에
겉 희고 속 검은 이
저 패거리들뿐인가 하노라

2019. 8. 30

평등 공정 정의

보수우파 : 좌파야!

너희들 부르짖는 게
기회는 평등
과정은 공정
결과는 정의로운 사회인데

행동은 180도 다르냐?

진보좌파 : 우파야!

우리말을
곧이곧대로 믿냐?

참 순진하긴

너희가 어찌
우리 선전선동 술을 짐작이나 하랴

2019. 9. 3

거짓말쟁이 기자간담회

국회의원용
국회의사당 회의실

거짓국회의원
거짓말 기자 간담회

사회자
거짓말 당 원내수석 대변인

사회자 : 100% 거짓말만 하겠습니다.

기자 : 딸 생일 언젭니까?

거짓말쟁이 : 몰라요 우리 아버지만 알아요.

기자 : 사모펀드 가입 언젭니까?

거짓말쟁이 : 난 사모펀드가 뭔지도 몰라요.

거짓말

거짓말

거미줄 되어

거짓말쟁이 몸 칭칭 머지않아 허공에 대롱대롱.

2019. 9. 5

민낯 드러낸 조폭

차기
두목의 위기

얼마나
심각했기에

꽁꽁
숨어 있던 패거리

체면 양심
내팽개치고 나온다

행정부 두목
서울시 두목
경기도 두목
태백산 두목
화천군 두목
알릴레오 두목

————————————

————————————

아니
재도 재도 조폭이었어?

曺國덕에
조폭들 일망타진하네

2019. 9. 7

역사 시간

선생님 : 옛날에
못된 임금이 있었는데

표리부동이라
말과 행동이 180도 다르고

정승 판서는
윤리도덕이 떨어진 놈 골라 임명

특히 형조판사는
범죄가족이라 원성이 하늘을 찔렀지

거기다 이웃나라와
화친한다고 변방의 성을 허물지 않나

쫓겨날까 두려워
나라 곳간이 텅텅 비도록 펑펑 퍼주질 않나

―――――――――――――――

학생 : 선생님!
그거 문재인 대통령 얘기 아닌가요?

조폭은 아닐 텐데
무엇이 두려워 옛날얘기처럼 꾸미시나요?

2019. 9. 17

타파 태풍아

曺國 태풍
휘몰아치는 우리 祖國에

타파 태풍아
무엇을 타파하러 왔느냐

3복더위는
너 아니어도 사그라졌는데

3년 실정
문재인 정권 타파하러 왔느냐

3년 직폐
문재인 정권 打破하러 왔느냐

3정 문란
문재인 정권 타파하러 왔느냐

386운동권

사기성 민낯 打破하러 왔느냐

더도 덜도 말고 거지근성에
사회주의화 돼 가는 국민 의식이나 타파해 주렴

2019. 9. 23

낮엔 에어컨 밤엔 보일러

낮엔
늦더위 땜시 에어컨

밤엔
쌀쌀함 땜시 보일러

낮엔
曺國 땜시 열 받아 에어컨

밤엔
祖國걱정 땜시 으스스 보일러

2019. 9. 25

어머니가 풀지 못한 수수께끼

도저히
이해가 안가

애지중지하던
어린자식 둘을 버리다니

어머니가
자주 말씀하시던 친당질녀

병두에미 이야기
해방 후 빨치산으로 산에 들어간

요즘 조국이
아내 자식 다 버리는 걸 보면서

상식으로
이해 안 되는 저들의 사상이 짐작돼

순진한 국민이
어찌 저 집단의 혈맹을 가늠하리오

오직 혁명만이
지상 목표인데 거기다대고 왈가왈부가 헛일

2019. 9. 28

사육당하는 침팬지 신세

우리 안
침팬지를 바라보라

그들에게
무슨 권리가 있는가

그들에게
무슨 자유가 있는가

당신은
사육당하고 있지 않은가

북녘 땅에 수천만
베네쥴라를 탈출하는 저들만이 아니다

알게 모르게 많은 이들이
이미 침팬지 신세가 되어 가는 걸 즐긴다

좌파정권의
포퓰리즘에 빠져 들면 우리 안에 갇히고 만다

지성 있는 국민이라면
굶어 죽는 한이 있더라도 사육은 피해야 산다

2019. 10. 3

선문답 1

아빠 : 넌
거짓말을 식은 죽 먹듯 하고

금방
탄로 날 일도 아니라 딱 잡아떼면서

입으로는
평등 공정 정의만을 부르짖으며 사니

장차 커서
조국에 무슨 해를 끼치는 놈이 되려고 그러느냐?

꼬마 : 법무장관

2019. 9. 11

선문답 2

딸 조민 : 아빠!
광화문광장
저 인파 좀 봐 큰일 났다 큰일

아빠 조국 : 웬 호들갑이냐?
조국이 위태롭다
祖國을 구해야 한다고 하는데 왜?

딸 조민 : 아빠!
저 조국은
아빠 曺國이 아니잖아?

아빠 조국 : 두고 봐라
아무튼 曺國이 祖國을 살릴 테니까
나 아니었으면 조국이 사라질 번했지

2019. 10. 5

마라탕 첨 먹던 날

그렇게
먹어 보고 싶었던 마라탕

산보 길
공평사거리에 문을 열다니

최고로
매운맛으로 주문해 첨 먹던 날

광화문광장
100만 인파 아우성 소리 들려온다

조국아
사기 치지 마라 사기 치지 마라

문통아
나라 망치지 마라 나라 망치지 마라

입으론
맛난 마라탕 마라탕이 들어오고

귓속으론
맛난 마라 마라 함성 들어오는 날이네

2019. 10. 9

공짜 공짜 공짜

표 표 표
공짜 공짜 공짜

공짜 공짜 공짜
거지 거지 거지

거지 거지 거지
쪽박 쪽박 쪽박

쪽박 쪽박 쪽박
베네수엘라 베네수엘라 베네수엘라

문재인정권 문재인정권 문재인정권
공짜거지쪽박 공짜거지쪽박 공짜거지쪽박

2019. 10. 28

제 2 부

曺國이가 세운 가장 큰 功

會

좌파의 옹색 옹졸

너무나 황당
면전에서 거절이라니

길바닥도 아닌
국민은행 돈화문지점 여경비

작년에 준 시집
읽는데 많이 부담스러웠다 해도

누가 독후감 내라던가
필요치 않으면 안 읽을 일이지

고객으로 봤다면
어찌 "필요없어요" 그리도 빨리

만여 권의 책을 돌렸지만
이런 경우는 처음이라 물었지

지난번 시집
"촛불의 푸념"이 그리도 싫었냐고

말은 아니라 하지만
그간 십여 차례 만나 인사하면서

다음엔 아니야
얼마나 되뇌었으면 단숨에 태권도 유단자답게

2019. 2. 11

엑기스의 饗宴

참 좋은
동량의 재목 들여와

깎고 다듬어
쓴 세월 어느덧 60년

비바람
얼마나 세었기에 겨우 2할

오늘 보니
그대는 전장에서 살아남은 전사

머리엔
뻔쩍 뻔쩍 별빛 가슴엔 훈훈한 심장

역사상
누군들 이런 치열한 전쟁 복 만나랴

혁혁한 공
길이길이 보존되는 나라 지켜 나가세

오늘 회갑연처럼
품위 있는 나라 만드는 데 온 정성 쏟아

2019. 5. 12

* 2019. 5. 9 서울공대 59동기회 회갑연을 맞아(서울 마포 가든 호텔)

영원한 서북청년단

조계사 앞
붕어빵 파는 중년신사

지나가면
90도 인사라 물을 수밖에

나를 아시나요
아니요 어르신이라 그래요

군 주전부리
안하는 성격이라 미안해

새로 나온 시집
줄까 말까 호구조사를 하니

부친이 월남한
황해도 출신 서북청년단이라

"항해하는 지성인"
시집을 마음 놓고 주었더니

하루저녁에
연거푸 두 번씩이나 탐독을

친구 준다기에 몇 권 더
한번 서북청년단 대를 이어 영원하네

2019. 5. 27

익선동 한옥마을 노래

어느
누구도 몰랐으리

좁은
골목 닥지닥지 한옥

이리도
화려하게 변모할 줄

어느
누구도 몰랐으리

젊은
남녀 데이트 명소인 이곳

20C 후반
종3 환락가인 줄은 더욱 더

이래저래
익선동의 운명은 남녀 사랑의 장소

기대해 기대해
미래엔 더 아름다운 자태로 다가오길

2019. 6. 5

인기 폭발 鍾3 노래

1960년 봄
공대섬유과 태릉 야유회

윤우영
한 해 입학선배

마이크 잡더니

돈 보따리 둘러메고
종3에를 갔더니

종3에 아아가씨가
사비스가 좋더라

어서 오셔요
앉으셔요 벗으세요

누우셔요
철석 철석 철석 철석

돈 보따리 둘러메고~~~~~

인기 폭발
내 아직도 생생

익선동 한옥마을
지날 때마다 떠오르는 추억

2019. 6. 6

점심 표정

하하하
깔깔깔깔

왁자지껄
얼마나 참았기에

동서남북
인산인해를 이룬

먹고 쉬는
즐거움일까

현직의
자신만만일까

점심 표정
파라다이스의 인간상

2019. 7. 12

빌딩 등급

1등급
화장실 상시개방
세면대 미용화장지 상시비치--------종로타워

2등급
화장실 상시개방
세면대 미용화장지 주중비치--------삼환빌딩

3등급
화장실 상시개방
세면대 미용화장지 미비치----------공평빌딩

4등급
화장실 주중개방
세면대 미용화장지 미비치-------낙원오피스텔

5등급
화장실 비개방
세면대 미용화장지 미비치-------종로오피스텔

2019. 7. 15

경전철 바닥에 내팽개쳐지던 날

사고는
눈 깜짝할 순간

눈을 뜨니
내려다보는 손님 얼굴들

유도도 축구도
안 해 낙법도 모르는데

툭툭 털고
일어날 수 있었으니 기이

뼈 튼튼
살집 좋게 나주신 부모님 덕

일어나며 한 말
"누구 저 때문에 안 다쳤어요?"

차 바닥에 누운
코끼리 거구를 본 손님 엄청 놀란 표정

2019. 7. 22

* 7/21 일요일 삼양역 근처에서 점심 먹고 화계역으로 오는 도중 생긴 일.

드디어 막 내린 팬터마임

너무
지루했어

조용
말고는 밋밋해

벽 너머
유일한 이웃 소극장

처음엔
젊은 한 쌍의 배우라

기대도
됐지만 딸 하나 낳곤 홀로

아무리
팬터마임이라지만 관객에

고개
한 번 까딱도 못하는 목 깁스

세 번째 극
내렸으니 네 번째를 기대해 본다

어떤 배우가
어떤 극을 선보일지 무대장치 요란해

2019. 7. 24

빨갱이식 상속법

여름 내내
땡볕에서 김맨 놈이나

요리조리
피해 빈둥빈둥 논 놈이나

가을 추수해
똑같이 나누어 좋다는 빨갱이나

아침저녁
해드리면서 온갖 궂은일 한 자식이나

이 핑계 저 핑계
전화 한 통 얼굴 한 번 안보이던 자식이

부모 죽으면
똑같이 나누어야 한다는 상속법 너무 닮아

2019. 8. 3

지옥에 핀 장미

6.25
반공소년엔 지옥

국군은
낙동강까지 후퇴

완장 찬
바닥 빨갱이 날뛰고

형 아저씨
산들로 숨는 인공시절

한 가닥
위안은 학교담당 여군장교

어찌나
예쁘고 인민군복이 멋진지

아름다운 장미꽃
시공이 꽉 막힌 무간지옥에 핀

2019. 8. 18

길 찾는 이 표정

호기심에 찬 듯한
종묘 찾는 이 표정

고뇌에 찬 듯한
조계사 찾는 이 표정

겁에 질린 듯한
종로경찰서 찾는 이 표정

외로운 듯한
파고다공원 찾는 이 표정

짜증스러운 듯한
종로세무서 찾는 이 표정

허기진 듯한
종로노인회관 찾는 이 표정

방방 뛰는 듯한
익선 한옥마을 찾는 이 표정

상상이 어려워
저승길 찾는 이 표정 어떠할지

2019. 9. 21

사라져야 할 상속제도

주는 걸
받아야 인간대접

남긴 길
취하면 거렁뱅이

안주는 걸
빼앗으면 강도질

효자효녀나
전화 한 통 안한 연놈이나

부모 죽으면
너도 한 몫 나도 한 몫 상속제도

하루빨리
없애버려야 할 비논리적 비합리적

살아생전 증여나
죽어서도 준다는 증서대로만 시행

자손이
거렁뱅이나 강도로 전락되지 말아야

준다는 증서 안 남긴 건
당연히 국가사회에 귀속 유효히 쓰여야

2019. 9. 27

잉어빵 붕어빵 장수

조계사 건너편
붕어빵 포장마차

먼저 주인 잉어빵
팔아도 활기찼는데

이번 주인 붕어빵
팔면서 너무 우울해

서민살림 얼마나
팍팍해졌으면 저럴까

다음 주인 새우빵
팔면서 엉엉 울까 걱정 되네

2019. 9. 30

曺國이가 세운 가장 큰 功

내 비록
서울대는 못 다녀 봤지만

내 비록
서울대 교수는 못해 봤지만

내 비록
법무부 장관은 못해 봤지만

내 비록
생김새가가 너만 못하지만

내 비록
말을 청산유수로 못하지만

내 비록
자식을 일류대학에 못 보냈지만

내 비록
하루하루 벌어먹는 막노동꾼이지만

내가 내가
너보다는 백배 천배 잘 살아온 인간이다

2019. 10. 15

먹고 기분 짱 음식점

요즘
마라탕이 짱

속이
얼얼해 기운 UP

젊은이
틈에 끼어 먹어서

셀픈데
내건 갖다 줘 더욱

요즘
가성비로도 대만족

날마다
가고 싶지만 만원이라

토요일에만
가는 것 말고는 짱 식당

2019. 11. 16

제 3 부

틈새의 美

삶

삶의 몸부림 밥투정

어려서
밥투정쟁이였다

주위엔
밥도 못 먹는데

나도
내가 야속할 정도

그런데
19세에 폐결핵 걸려

되비지
돼지기름 찌개를 먹고

날마다
쑥쑥 키가 크는 걸 보면서

깨달았다
밥투정이 사치가 아니었다는 걸

호랑이 체질
한참 일할 때 매일 고기 한 근씩 먹는

그런 몸에
일 년 내내 고기 구경도 못하는 삶이었으니

2018. 12. 23

역시 梨水會이수회

퇴근하니
탁자에 웬 호접란

반긴다
활짝 웃는 얼굴로

꽃도
아름답지만 보낸 이가 더

梨水會
이대출신 수유리 모임이라

뜻밖이야
아내 모임이 너댓 개 되어

시집 저서
수없이 돌렸지만 처음이다 보니

절로 나온 소리
역시 이수회야 역시 이대출신이야

2019. 이른 봄

아무리 좋다 해도

아무리 맛이 좋다 해도

아무리 재료가 좋다 해도

아무리 전망이 좋다 해도

아무리 분위기가 좋다 해도

아무리 서비스가 좋다 해도

아무리 가성비가 좋다 해도

뭐니 뭐니 해도 북적북적은 푸짐이야

2019. 6. 2

놀부는 지고 이태리는 뜨고

종각역
북쪽 동쪽에 한 개씩

부대찌개
치열한 경쟁하더니

놀부가
심술이 났나 제 욕심만

라면사리
돈 받기 시작하자 손님 뚝

동편 이태리
점점 찾는 이 늘어 북적북적

푸짐 푸짐까지
부르짖어 대니 승승장구하리라

2019. 6. 4

비서 빈자리 커

내둥
잘 따라다니다가

어젠
심통이 나버렸나

사무실에서
안 따라나서 혼자 퇴근

도착해
우왕좌왕하게 만들더니

아침엔
깨우지 않아 지각할 뻔

늘 함께할 땐
몰랐는데 빈자리가 커

아무래도
용돈이라도 좀 주어야

되근할 때
“저도 저도요”하려나

2019. 6. 7

처음의 향수鄕愁

난생처음
신사복을 입혀 준 집

한영양복점
아직도 간판을 유지

남대문로
다동 맞은편 4층 건물

새카만 쫄쫄이
작업복의 20대 청년 모습

빌딩 앞에
어른거려 발길을 멈추게 해

그대가 해 준 옷
낡아 이집 저집 꽤 다녔지만

어느 집도
살아 있지 못한데 참 신기해

부탁한다
내가 이 세상에 있을 때까지

우리 집 다락엔
한영양복점 양복상자가 건재

2019. 6. 28

현판懸板 두 개 단 해

회사
다닐 때 말고

현판
달기는 처음인데

한 해
두 개씩이나 한 달에

하나는
시골정자에 중리정中里亭

다른 하나는
재단사무실에 재단법인 프로부모

두 개의 공통점은
어느 것도 현판식을 안 한 점

2019. 6. 30

생존 본능의 마비

생물의
본능 중의 본능

생존 본능도
마비되어 가는가

맹수도
동물원에서 자라면

야생에 나가
굶어 죽을 수 있듯이

인간도
좌파 포퓰리즘 노예가 되면

베네수엘라처럼
자기도 모르는 사이 난민신세

우리는 퍼 주는데 홀려

정신을 잃어 가고 있는 건 아닌지

대단히 미안한
얘기지만 악녀 고유정의 남편을 보면서

자란 환경이
생존 본능을 마비시킬 수도 있겠다는 생각

2019. 7. 1

불덩이의 추억, 여름

여름이
뜨거운 계절이라 그런가

유난히
불덩이의 추억이 많고 많아

키니네도
없던 시골 하루거리로 펄펄

6.25 빨갱이로
나무지게 지고 끓어오른 분노

상한 보신탕
온몸의 두드러기 죽음의 경험

생전 처음 해수욕
해운대 가족 중 나만 새빨간 화상

42도 패혈증
응급차에 실려가 저승문턱 밟은 것도

이래저래 여름은
조심조심 살아가야 할 계절인가 보다

2019. 7. 7

오늘도 행복한 하루

아침
일찍 일어나

세수
양치질 라면 먹고

운전
신나게 잘해 사랑방

산보
종로 한 바퀴 돌고 돌아

아내
함께 맛난 점심 사 먹으면

샤워
저녁 주말드라마가 기다린다

내주
큰 수술 진단이 내려진다 해도

오늘
행복을 누가 감히 빼앗을 수 있으랴

2019. 7. 14

MRI가 CT를 누른 날

2주 전
찍은 CT에 담관결석진단

수술뿐
다른 치료법이 없다는 말

재확인차
MRI를 찍자 해서 촬영해

오늘 결과가 담관
부기가 빠지고 돌도 없단다

잔뜩 긴장이
해프닝으로 끝난 기분 좋은 날

요즘 건강한데
돌이라니 몸 의사의 승리인 게야

2019. 7. 18

모시는 큰 상전 체중

늙어
큰 상전 모신다

어찌나
까다로운지 매일 잔소리

아침 테스트
통과 못 하면 그날은 혼쭐

잘 되면
어제 점심에 먹은 거 복기

상전 명령
잘 따르면 혈당 혈압 고지혈증 OK

우리 부모님
남겨 놓으신 건강감독관 잘 모셔야지

2019. 7. 28

늙은이 꾀로 산다

젊은이
기운으로 산다면

늙은이
꾀로 살아야 하느니

땀
모르고 지내는 삼복

하루
90분 이상 산보를 하며

오전
그늘만 찾아다니다 보니

나머진
차 속 사무실 집이라 선선해

2019. 8. 14

고고한 삶 타고난 인연

아버지도
형제도 없으니

양말 한 짝도
남이 신던 건 안 신어 봐

아무리 옷
기억을 더듬어 봐도 새것만

낚시를 가면
물고기가 달아나니 빈손이라 그만

어릴 적 먹고 싶어도
참새 한 마리 잡히지 않아 불살생

아무리 고파도
밥 한 술 돈 한 푼 구걸한 적 없었다네

한두 끼 굶는다고 죽나
쪼록 소리 들려도 비상금을 지켜 부자

태어나 보니 사대부가
돌 지나고 보니 호주에 가장이라 왕좌

이래저래 다른 이보다
고고한 삶 살 수 있었던 게 타고난 인연이리라

2019. 9. 20

뼈 없는 갈치조림

옆
테이블 손님

열심히
갈치 뼈를 뱉어 댄다

난
뼈 없는 갈치를 즐긴다

옆 손님
선생은 뼈를 어찌했습니까?

미안합니다
나만 특별히 뼈 없는 걸 대접받아서

중얼거려 본다
저 손님은 멸치조림도 저렇게 먹을까?

2019. 10. 7

틈새의 美

바위 틈새로
시원한 샘물이 솟는다

몸의 틈새로
눈 코 귀 입이 숨쉰다

빌딩 틈새로
바람 햇볕 시내가 비친다

하늘 틈새로
비 내리고 별빛 쏟아진다

일요일 틈새로
운전 산보의 여유를 즐긴다

인간의 틈새로
사랑과 우정이 무르익는다

인품의 틈새로
가까이 다가갈 매력을 느낀다

2019. 10. 13

즐거운 일 즐거운 삶

인생이란
일로 시작해 일로 마친다

오죽하면
죽는 것도 죽는 일이니까

삶이란
일의 연속인데 즐겨야지

매순간
어찌하면 즐길 수 있을까

꾸며 나간다면
새록새록 맛나게 할 수 있어

먹는 일
쉬는 일
자는 일

아픈 일
죽음에 다다르면 죽는 일까지도

2019. 10. 17

마른하늘 날벼락

2019. 10. 18. 15 : 45
앰버서더 호텔 맞은편

종로오피스텔 출발
퇴근길 미장원 앞에서

갑자기
백미러가 꺾여 이상하다

펴고 가려
내려 보니 차 뒤편에 박옥란 씨

넘어졌다 일어나며
첫마디가 어딜 빨리 가야 하는데

머리 하고
배낭 메고 급히 뛰쳐나온 모양

겉으론 멀쩡 팔 허리 머리

아프다며 단골 낙원의원 가자 해

43년 운전경력
처음 인사사고라 하자는 대로 했지

아무래도 보험처리가
좋을 것 같아 현대해상 직원을 불러

무사고 방심할까 봐
경고등을 울려 준 거로 받아들여야 할 일

2019. 10. 19

인생은 SELF다

인생은
운전수다

앞뒤 옆을
살피며 달려야 하고

심심하면
라디오도 틀어야 하고

길을 모르면
내비게이션을 들여다 봐야 하고

틈틈이
바깥경치도 감상하며 달려야 한다

정말 정말
무사히 머나먼 거리를 달리기란 어려운 일

그러나 그러나

자기 노력에 따라 누구는 백리 누구는 천리

거리만이 아니다
누구는 산골길만 누구는 세계 명승지를 달린다

인생은 SELF다
운전대를 놓거나 졸다가는 벼랑에 떨어지는 운전사

2019. 10. 26

새로 쓴 時祭문화

十神組
천상마을 좋지만

시제 날이면
늘 비 내릴까 걱정

늙은 자손
오르다 다칠까 걱정

中里亭에서
神道碑근처 연못 속에 지은

아주 훌륭해
비문과 동일 위패 모셔 놓고

시제는 축제
자손들 모여 먹고 마시고 떠드는

음 10월 첫 일요일
서평부원군 둘쨋집 자손 시제문화 꽃 피웠네

2019. 11. 4

할배 소변 upgrade

소변
할배의 스트레스

찔끔찔끔
이리저리 흐트러지고

신경쓰다 보면
졸 졸 졸이 아닌 뚝 뚝 끊어져

플라스틱 컵
배뇨검사용 사용하니 아주 훌륭

쏴 쏴 쏴
물 흐르는 소리에 양까지 측정해

어려서
누가누가 멀리 쏘나 시합하는 기분

아주아주 만족
소변기도 깨끗 바지도 팬츠도 깨끗

2019. 11. 7

아담한 사무실 하나

작은
사무실 하나

잘
꾸며 놓으니

볼수록
아름다워라

너른
공간이라면

배열만
잘 하면 되지만

작은
공간은 어려워라

필요한 건
다 들어가야 하고

숨쉴
빈 터도 만드느라

세심히
하나하나 골라골라 균형 이룬 창작품

2019. 11. 19

제 4 부

싫거들랑 멀리멀리

人

어느 전경의 목례

안국역
일본문화원 정문

보초 전경
느닷없이 목례라

수천 번
지났어도 처음 일

놀란 나
"나를 아시나?" 물으니

고개 저으며
"아니요 어르신이라"고

명찰을 보니
김동환 지날 적마다 찾았지

안 나타나
제대를 했어도 언젠가 만날 수 있으리

2019. 6. 27

싫거들랑 멀리멀리

한두 명
어찌 없겠는가?

살다 보면
때려죽이고 싶은 놈

세상은 넓고
인생은 생각보다 길다

멀리
떨어져 기다리고 있노라면

손 한번
안대고 바라는 바 얻으리라

싫다고
없애 버리려 한다면 고○정처럼

이승뿐만 아니라
저승에 가서도 몇 생 동안 붙어 있으리

2019. 7. 21

아버지 체취 마시러

하루에
꼭 한 번 들른다

종로타워
아니 화신백화점

선린 나와
조선 제일의 갑부

박흥식 밑에
몸 부서지는 줄 모르던

아버지
일 하는 모습 떠올리며

상쾌한
땀 냄새를 들이마신다

비록
얼굴도 모르는 아버지이지만

복이 많아
산보 길에 만날 수 있음에 감사

타임머신에 올라
80여 년 전 백화점 풍경을 즐긴다

2019. 8. 10

타고난 부모 홍복

돌 때
아버지 여의고

32세에
어머니 돌아가셨으니

누구라도
부모 박복이라 하겠지만

어쩌지
나이 들수록 홍복이라 느껴져

건장한 체력
강인한 정신 뒤지지 않는 머리

엄마 무릎 위
교육으로 한평생 잘 살게 되고

한 줌
미움도 원망도 찾아볼 수 없는데

아쉬움 그리움
존경만이 넘쳐흘러 강물 이루는구나

2019. 8. 21

살맛 나는 전화 한 통

갑자기
사라져 궁금한 지 일 년여

모르는
전화 한 통 받아 보니 그 친구

얼마나
반가운지 몰라 인사도 못했다고

더구나
내가 준 시집을 보물처럼 여긴다니

아내와 함께
일요일에 가끔 찾은 감자옹심이집

이상준 점장
점잖은 젊은 신사가 어려운 전화까지

하나하나
살맛 나는 일 만들어 가는 게 값진 삶

2019. 9. 1

끼고 살아가는 인생

갓난아이 땐　　엄마 젖을
어릴 땐　　　　엄마 무릎을

학창 시절엔　　책가방을
한땐　　　　　큰 꿈을

결혼해선　　　아내를
생산할 땐　　　자식을

직장에선　　　일 더미를
한땐　　　　　부동산을

은퇴해선　　　원고를
한땐　　　　　조각을

한땐　　　　　등산을
한땐　　　　　컬렉션을

한땐　　　　　　병원을
한땐　　　　　　산보를

따뜻해지면 요즘　에어컨을
쌀쌀해지면 요즘　전기 히터를

죽기 전에　　　　서원을
죽음이 오면　　　허공을 끼고 가리라

2019. 10. 31

100%는 없다 천재도 바보도

천재여!
우쭐대지 마라

그대도
30% 내의 바보성이 있나니

바보여!
기죽지 마라

그대도
30% 내의 천재성이 있나니

천재 제바달타
석가모니 사촌 바보짓으로 지옥행

바보 주리반특카
석가모니 제자 청소로 깨우쳐 성불

2019. 11. 2

작가 空지영

난 당신이
어느 공씨인지 몰랐다

작가기
어찌 저렇게 不義로 살까

하면서도
단 한 가지 孔씨만은 아니길

이걸 어쩐다
자기가 공자님 후손이라 떠벌리는

내 대학 선배
공○○씨의 딸이라 하니 아연실색

오늘부터
성씨를 孔을 空으로 바꾸든지 꿈에라도

孔子님
후손이란 말은 입 밖에 내지 말길 간절히

설령 孔씨라
하더라도 당신의 핏속엔 다른 피가 흐르리

2019. 11. 10

80에도 못 서면 헛산 인생

80이면
道 이루고도 남을 나이

무얼 했기에
추하게 허둥지둥 나대나

어디라도
기대면 그의 노예가 되는 법

죽이라도 먹을
형편이면 국민세금엔 손사래를

육체야
늙어 비틀거릴지라도 어찌어찌

자식이든
국가든 종교든 도움을 받으러 추하게

가장 중요한 건
정신적 자립 어디에도 기대지 말기를

2019. 11. 12

맛난 모임 연구

어떤 모임
점점 맛이 나는데

어떤 모임
점점 맛이 떨어지니

호기심
발동 맛난 모임 연구

서로서로
존중하는 마음이 으뜸

누구라도
1분 이상 지속발언 금물

귀가
어두워 똑똑한 발음으로

눈빛 보며
반응에 따라 추가발언 결정

지루한
강연을 하려면 차라리 침묵을

뭐니 뭐니 해도
툭툭 한마디씩 던지는 유머가 그리워

2019. 11. 22

제 5 부

만남 사귐 헤어짐

道

공수래공수거는 아니지

空手來空手去라
빈손으로 왔다 빈손으로 간다

아니지 아니야
눈으로 보이는 것만이 전부가 아닌데

범부의 눈에는
안 보이는 業업을 양손에 움켜쥐었지

業手來業手去라
오른손에는 善業선업 왼손에는 惡業악업을

올 한 해도 다 저무는데
오른손이 왼손보다 무거워지는 삶을 살았는지

올해만이 아닌 일생
나아가 전생부터 쌓아온 업의 추가 어디로 기울었는지

가늠하고 가늠하며 산다
눈에 보이지 않는 업이라 방심하다간 추락할 수 있기에

2018. 12. 25

공손한 절 수수께끼

오후 한 시
공평빌딩 앞길

두 손
가지런히 모으고

허리
한껏 굽혀 공손히 절

이제까지
한 번도 받아본 적 없는

말끔히
차린 오륙십 대 점잖은 신사

절을 마치자
흐뭇한 미소를 지으며 간다

아무리
생각해도 절 받은 이유 몰라

꿈에 시켰을까
신의 계시인가 자기 선친을 닮았나

전생에 내가
그의 스승이었나 아무튼 기분 좋은 하루

2019. 3. 29

中里亭 集字의 환희

선산
연못 속 정자

중리정
현판 글씨가 과제

눈 높아
秋史나 一中 정도이나

두 분 다
받을 수 없으니 집자밖에

이 책 저 책
다 뒤지는 데 일주일 걸려

정성이
헛되지 않아 명필 趙 · 萬 · 吳 선생

한 붓으로
쓴 듯 어울리는 글씨 찾았으니 환희

내 후일 중리정에서
노닐 때 세 분 초대해 크게 대접하리라

2019. 5. 25

* 집자集字---문헌에서 필요한 글자를 찾아 모음.
* 趙 · 萬 · 吳 선생------趙之謙 · 萬經 · 吳昌碩.

올여름 첫 만남 모기야

모기야
어찌 철통같은

방어벽을
뚫고 안방까지

덜 예민한
다른 식구도 있는데

나를 도
닦는 승려로 착각했나

한두 번
빨고 방 밖으로 피하든지

하기 싫은
살생 내 손으로 하게 하다니

미안 미안
다음 생엔 귀여운 토끼로 태어나렴

2019. 6. 9

인연의 꽃, 삶

삶
별건가?

바로
인연의 꽃인 걸

설령
꽃이 싫더라도

꺾는 죄
절대 짓지 마라

둘이 피운 꽃
당신만의 것 아니니

싫거들랑
멀리 떨어져 바라보면 되리

더듬어 본 추억 속
끊는 인간 가장 추하더이다

2019. 7. 6

탐욕이 꺾는 인연의 꽃

소중한 인연
생명 다하도록 고이고이

가꾼다면
삶이 얼마나 품격 있으랴만

벌꿀도
꿀이 안 나온다고 꺾지 않는 꽃

못된 인간
탐욕 채울 일 없어지면 싹둑싹둑

얼마나 살다 간다고
귀중한 인연의 꽃 겁도 없이 자르나

2019. 7. 8

인생의 길

어떤 이는
평탄한 길을 걷는데

어떤 이는
험한 고갯길을 간다

자기 길
험하다고 한탄마라

산새 소리
울부짖는 산짐승 구경

여기저기
흩어져 있는 산열매 따며

고갯마루
시원한 바람 광활한 경치

튼튼한 다리
넘치는 폐활량 높은 기상

다 누리면서
평지 걷는 이 부러워해서야

2019. 7. 10

맺는 인연 끊는 인연

이별 없는
사랑이 아름답듯

이혼 없는
결혼이 얼마나 값진가

입학 수석보다
졸업 수석이 더 돋보이듯

맺는 인연보다
끊는 인연에 더 정성을 다해야지

자기가 먹던 우물에
침 뱉고 떠나는 어리석음은 말아야

이승과 맺은 인연
떠나는 날 은은한 향기 피어오르리

2019. 7. 13

어찌 살아왔기에

배고파
기웃거린다면 말도 안 해

못 배워
기웃거린다면 말도 안 해

나이 어려
기웃거린다면 말도 안 해

공자
40세에 不惑이라 했는데

이 시대
최고의 지성인이 80세에

배불리 먹고
뭐가 아쉬워 이리저리 기웃기웃

정신적 자립
그리도 어렵던가? 불쌍한 친구들아

2019. 7. 17

* 四十而不惑 : 40세에 이르러 유혹이나 미혹이 없어지게 되었다.

사회 환원도 가지가지

어떤 이는
인생길에 신으라고 짚신을

어떤 이는
인생길에 헤매지 말라고 이정표를

짚신이야
헤어지면 맨발로 걸을 수도 있지만

길 잃으면
산 속을 헤매다 목숨도 위태로우니

인생길
누구에게나 초행길 앞길 모르는데

당신은
짚신 주는 길? 이정표 있는 길? 어느 길?

2019. 8. 4

인과응보야 고마워

인과응보야
너마저 없다면

이 더위에
어찌 숨을 쉬리오

아무리
억울한 일을 당해도

네가 있기에
네게 맡기고 잠을 잔단다

난
악업 지을 일 없어 좋고

넌
내 대신 원수 갚아주니 좋구나

2019. 8. 6

순간이 인생

이 순간
잘 살면 잘산 인생

이 순간
못 살면 못산 인생

누구인들
내 인생 빼앗으랴

순간순간
충실하면 알찬 인생

인생 별거 아닌
순간이 만들어 가는 벽돌 쌓기

2019. 8. 12

하늘이 낸 효자 돈

노랭이
자식들 가관이다

집이 없나
밥이 없나 차가 없나

자기 자식들
호의호식에 대학공부 시키며

무엇이 부족해
짠지를 거나 부모 재산 탐이나

천만다행
하늘이 낸 효자 있어 파지 줍지 않네

2019. 8. 16

자립이 인격이다

육체도
홀로 서고

정신도
홀로 서라

물질도
홀로 서고

영혼도
홀로 서라

현세도
홀로 서고

내세도
홀로 서라

홀로 선 당신
뭇 인간 뭇 신이 대접하리

2019. 8. 27

한발 한발

매일
만보 정도 걷는다

임산부
태교하듯 골라골라

삐뚤어진
모양의 보도블록을 피해 가며

한발 한발이
내 삶인데 어찌 함부로 밟으랴

발이 그럴진대
말이나 글이나 생각이나 마음이 다를손가

2019. 9. 9

만남 사귐 헤어짐

만남이
아무리 아름다워도

사귐이
더 아름다워야 하고

사귐이
아무리 아름다워도

헤어짐이
더 아름다워야 한다

흘러간
인연의 추억을 더듬어 보면

좋은 인연이란
헤어짐이 아름다운 인연이더라

2019. 10. 11

사나운 말馬言

달리는
사나운 말馬은

산야를
천리 달리다가도
업힌 이 땅에 떨어뜨리지만

내뱉는
사나운 말言은

허공에
천년 머물다가도
뱉은 이 등에 비수를 꽂는다

2019. 10. 21

종말을 맞는 종말론자

종로경찰서
담벼락에 대여섯 명

여학생 차림
열심히 부르짖어 댄다

종말이 온다
종말이 반드시 오고 만다

수억 년 후에도
올까 말까 할 일을 웬 사서 걱정

갓 태어난 아기가
자기 장례 치를 걱정부터 하는 격

한 가지 분명한 건
믿는 자에겐 이미 종말이 왔다는 사실

젊은 시절엔 빠진 자
건져 내어 현재 잘 사는 이도 있었건만

2019. 10. 23

제 6 부

안쓰러운 안스러움 꽃

然

좋은 친구 비

비는
늘 좋은 친구

돈 없어
농사지을 때

뙤약볕
더위 먹을세라

쉬면서
책을 펼쳐 준 친구

가당치 않은
서울공대 입시 때

정신 차리라
응원하러 부슬부슬

아직도
잊지 않고 찾아주니

산보 길
불타는 지옥소리 사라져

이래저래
비는 나의 절친한 친구

2019. 5. 28

안쓰러운 안스리움 꽃

너희 고향
중남미 열대지방

얼마나
살아남기 어려웠기에

생화이면서
조화造花인 척 꾸미고

꽃도 아닌
불포염佛苞焰이 꽃 행세

들여다 보고
있노라면 안쓰러운 생각

네 꽃말이
번뇌라 너무 걱정이 많구나

조화행세 마라
아름다운 금수강산에 왔으니

2019. 5. 29

삼복더위 내리는 비처럼

찜통더위를
확 날려 버려 주네

축 늘어진
꽃대가 고개를 번쩍

찌들은 때를
말끔히 씻겨 버려 주네

우산 속
이 얼굴 저 얼굴 싱글벙글

어려운 일
하고도 청구서 내밀지 않는

삼복더위 비처럼
남은 인생 살아봄이 어떠하리

2019. 8. 8

물에 빠진 생쥐 꼴

참
오랜만에 소나기

흠뻑
물에 빠진 생쥐 꼴

하도
가짜뉴스 타령이라

일기예보도
가짜뉴스인가 해서

빈손으로
나간 산보에 만난 물벼락

단군 이래
최고 위선자 조국 뉴스는

가짜가 아닌
진짜임을 입증이라도 하려는 듯

2019. 8. 29

생명력

싱크대
귀여운 콩의 머리

식초 속
몇 주 팅팅 불어도

삶
놓지 않은 생명력

죽기가
살기보다 힘들다더니

살아 있는 너
매일 삼키는 나 혐오스러워

살기 위해
남의 생명 꼭 희생시켜야 하는 건지

2019. 9. 14

성난 수능한파修能寒波

학부모
얼마나 성이 나

정화수
떠 놓고 밤샘했기에

뜸하던
수능한파 몰려왔나

曺鄭처럼 수시 스펙
만들어 줄 형편도 못되고

청년실업
하늘을 찌르는 문재인 정부

부모로서
할 일은 밤잠 설치는 기도밖에

하늘도 무심치 않아
성난 학부모 원성 들어주는구나

2019. 11. 14

제 7 부

중리정中里亭 나들이

紀

몽夢일식당

해운대
달맞이길 몽

맛도 꿈같아
경관도 꿈같아

한 세대
하루아침 맛이 아니야

천 년 전
고운 선생 해운대 경관에

제주도 강릉 홋카이도
두루 두루 찾아다녀 보았지만 없더라

최치원 환생하면 노래하리
천상천하 이승 저승 이만한 곳 못 봤다고

2019. 6. 14

일광대복 맛집

드디어
찾아낸 기쁨

해운대
복집 뺑뺑 돌다가

난
미식가 고메gourmet

부산여행
싱싱한 회와 복 먹으러

지상철 타고
기장군 일광면 일광역까지

가지가지
복요리 회 실컷 먹는 즐거움

극락인들
이보다 더 맛난 복 있으리오

2019. 6. 15

삼광사에 다녀와

부산
백양산 자락

천태종
제2사찰 三光寺

한마디로
단양 救仁寺 짝퉁

산골짜기
아파트식 고층 절

대웅전
석가불 협시보살

문수 보현 아닌
대세지 관음 차지

아무튼
상월원각이 큰일 했네

천태종
한국불교 종단을 창건

삼척 산골 태생
환갑도 되기 전 열반하면서

2019. 6. 16

시골 절 장안사

부산 기장
불광산 장안사

금강산
닮은 건 아니고

한마디로
그냥 고즈넉한 곳

원효대사
절 냄새 물씬 풍기며

삼층석탑
부처님 진신사리 모신

인조 때
재건한 대웅전은 보물

절 마당
염화미소 불상사진에 홀려

복요리 먹고
허둥지둥 달려간 시골 절 장안사

2019. 6. 18

중리정中里亭 나들이

새벽까지
꾸물꾸물하더니

구름
한 점 없는 파란 하늘

한 차 가득
중리정에 도달해 보니

푸른 연못에
발 담근 정자 반기네

어느 누가
공수래공수거라 했던가

무덤 앞에
그득한 물 속 정자까지

달밤에
나와 앉아 오가는 길손

차 한 잔
술 한 잔 권하며 즐기려는데

2019. 6. 23

민물고기 매운탕

어려서
먹던 매운탕 맛

못 잊어
시골에 가면 찾던

아쉽게도
부론 개치집이 문 닫아

너도나도
추천한 이웃마을 강천매운탕

메기 빠가사리
어찌나 맛나고 푸짐한지 불뚝

남한강 북한강
좋다는 곳 여기저기 다녀봤지만

여기가 제일
중리정 근처에 있어 더욱 기쁘네

2019. 6. 25

제 8 부

죽을 고비마다 큰일 하나

峴

앰뷸런스 소리

거리에선
시끄러운 소음

내가 타면
엄마의 심장 박동소리

병실에서 들으면
후유 안도의 한숨소리

2019. 11. 30

한 병상 위에서

한바탕
지옥을 겪고 나니

이번엔
극락이로구나

지옥 극락
끼고 살아가면서

어디가
따로 구하려 하는가

2019. 12. 2

반가운 끙가

아유
얼마 만인가

일주일 전
심한 설사로

강한
지사제 네 알로 뚝

감감소식이더니
한밤중에 살그머니

반가 반가
은근히 걱정이었는데

2019. 12. 12

자유 건강 빵

다 잃는 지금
단 하나만 택하라면

난
주저 없이 잡으리라

자유 자유 자유
병실 창문을 부수고

훨 훨 훨
날으리라 멀리 멀리 창공을

2019. 12. 12

지옥에 핀 꽃

죽음의 공포
철철 넘치는 지옥

누군들
상상인들 했으랴

지옥의 꽃

조상의 음덕
부처님 가피 말고

어찌 설명할 수 있으리

2019. 12. 13

또 한 번의 큰 행사

정말 정말
안 하려고
안간힘을 썼는네

병을 키워
아주 아주
큰 행사를 치르고 말았네

천만다행
통원 치료로
행사 마무리를 하게 되어

감사 감사 감사

2019. 12. 13

대추나무 연 걸리듯

한 번
죽을 고비
넘길 때마다

생명의 은인
생기다 보니
주렁 주렁 주렁

어이 할꼬
저 많은 연 연 연

살아생전
다 갚을 길
보이지 않으니

짐
보따리 지고
낑 낑 낑 거리며

헐떡헐떡
내생에 갚을
길이 걱정일세

2019. 12. 14

들랑날랑 표정

엉금 엉금
기어 들어와

꼿꼿이
서서 걸어 나가네

퉁퉁
부어 들어와

날씬한
몸매로 폼까지 잡네

악마의
상판대기로 들어와

미소 띤
부처되어 나가네

아주 가끔
앰뷸런스로 들어와

영구차에
실려 나가는구나

2019. 12. 15

괜히 억울한 심정

고통이
심할 땐

빨리
낫기만 바랐는데

콧잔등
매지근해졌나

괜히
억울한 심정

누구는
평생 한 번도

안 겪는
죽음의 고비

어찌
난 이리도 많이

잘난 체
삼가 하시구려

건강관리
어쩌구 저쩌구

2019. 12. 12

너무너무 미안미안

아내에게
미안한 게

어찌
한둘이랴만

철퍼덕
싸 놓은 똥

혼자
치우게 한 건

미안한
정도가 아니야

죄악
죄악이야

난
도저히 못해

놔두고
도망 도망갔으리

멀리 멀리

2019. 12. 3

과연 살 가치가

고비
고비마다

아내에게
큰 고통을 주면서

과연 살
가치가 있는 놈인지

이제
그만그만해 주게나

진정진정
기원기원해 본다

2019. 12. 16

세브에 건의 건의

이미 검토한
사항인지 모르지만

내 똥 사건은
너무 너무 절박해

80 넘은 고령의
척추협착증 수술
두 번 받은 장애인

아내가
받았을 위험 고통

연구 검토
건의 건의 건의

알바팀 하나
정당한 대가 받는

있다면
세브도 업그레이드 되리

2019. 12. 17

죽을 고비마다 큰일 하나

죽을 고비
한 번 넘길 적마다

큰일
하나씩 했네 그려

박물관
궁궐가묘 종친회 장학재단

죽을 고비
없이 되면 얼마나 좋으련만

공짜가 없구나
아마도 담금질하여 강철이라도

구차하지만
자기 합리화라도 해야 직성이 풀릴 듯

2019. 12. 17

애꿎은 음식 신세

난
냉장고 속
그대로인데

며칠 전엔
맛이 없다
타박타박 하더니만

무슨 변덕
퇴원하는 날엔
맛나 맛나 맛나 아우성

난
그래도 인간이
이 정도는 아닌 줄 알았지

2019. 12. 17

中里 한두현(韓斗鉉) 시인

■ 약력

- 1938년 서울 상왕십리 출생.
  부친 별세로 고향인 강원 원주 부론 노숲 성장(돌 때부터)
- 초등학교 6학년 때 6.25발발 2년간 농업에 종사하느라 진학이 늦어짐
- 중학 3학년 때 학생회장으로 정의심 발동으로 전교생을 7일간 동맹휴학으로 이끌어 목적을 달성하였으나, 장기정학처분 및 수석졸업에 品行可를 받음
- 국립교통고등학교(국비) 졸업. 서울대학교 공과대학 졸업
- 35년간 섬유업계 종사, 상장회사 대표이사 사장 역임 후 자진 은퇴, 제3인생 시작
- 국가발전기여공로 석탑산업훈장 수훈
- 기술사, 발명가, 글지이, 조각가
- 문예사조 시 신인상 당선 문단 데뷔
- 문예사조문인협회 회원, 서울시낭송클럽 상임위원
- 한국문인협회 회원, 국제펜 한국본부 회원

■ 수상 (詩부문)

- 문예사조문학상 본상 수상
- 한국자유시인상 대상 수상
- 未堂徐廷柱시회상 수상
- 한국문학비평가협회 문학상 수상

■ 시집

- 인연(제1시집)
- 인왕산(제2시집)
- 서원의 길(제3시집)
- 마중물(제4시집)
- 몽당연필(제5시집)
- 징검다리(제6시집)
- 태풍아(제7시집)
- 어느 여의사(제8시집)
- 몰록(제9시집)
- 호모사피엔스(제10시집)
- 한두현 詩전집 1 · 2
- 말문이 열린 江(01시집)
- 촛불의 푸념(02시집)
- 항해하는 지성인(03시집)
- 프로부모(04시집)
- 비우는 즐거움(05시집)

■ 저서

- 자식을 부모의 팬으로 만들어라
  〈자녀교육해법 124장〉 나남출판
- 자식에게 무엇을 가르쳐 세상에 내보낼 것인가
  〈뿌리교육해법 124장〉 나남출판
- 자식을 우리의 옛 이야기로 길러라 1, 2
  〈이야기 인성교육 620마당〉 나남출판
- 자식교육 이제는 프로부모의 시대다
  〈전문부모의 길 74장〉 나남출판

한두현 제06시집
틈새의 美

초판 발행 2021 년 2 월 12 일

지은이 | 한두현
펴낸이 | 김효열
편 집 | 이현심
마케팅 | 김효숙 · 이미정 · 김영미

펴낸곳 | **을지출판공사**

등록번호 | 1985 년 2 월 14 일 제 2-741 호
주 소 | 서울시 마포구 양화진길41, 603호
우편번호 | 04083
대표전화 | 02) 334-4050
팩시밀리 | 02) 334-4010
전자우편 | ejp4050@hanmail.net

값 15,000원

ISBN 978-89-7566-193-8 03810